AF234479

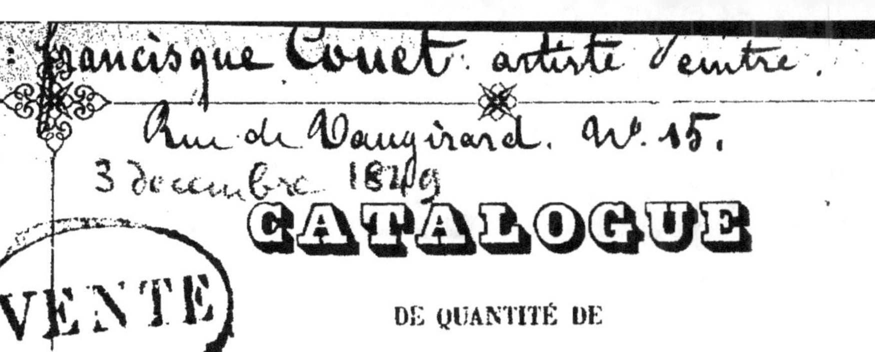

CATALOGUE

DE QUANTITÉ DE

PLANCHES CAPITALES

LA PLUPART GRAVÉES AU BURIN

PAR

BAQUOY, BERVIC, SIXDENIERS

Et autres habiles Artistes

PROVENANT EN PARTIE DE L'ANCIEN FONDS

De Feu M. PIERRE BAQUOY,

GRAVEUR ET ÉDITEUR;

ET DE QUANTITÉ D'AUTRES OBJETS, TELS QUE :

PIERRES LITHOGRAPHIQUES DESSINÉES

ESTAMPES DIVERSES, OUVRAGES A FIGURES, RECUEILS,
COLLECTIONS, ALBUMS VARIÉS, ETC.

M. VALLÉE, EXPERT.

— 1849 —

CATALOGUE

DE BELLES

PLANCHES GRAVÉES

EN TOUS GENRES, SUR CUIVRE ET ACIER,

DE QUELQUES

PIERRES LITHOGRAPHIQUES

Dessinées par les meilleurs artistes,

DE QUANTITÉ DE BONNES

ESTAMPES ET LITHOGRAPHIES

EN TOUS GENRES,

D'Ouvrages à Figures, Galeries, Livres sur les Arts, Albums variés, etc.

DONT LA VENTE

PAR SUITE DE LIQUIDATION ET DE DÉCÈS,

Aura lieu aux enchères publiques,

Les Lundi 3 décembre 1849, à 6 heures du soir, et lendemain Mardi 4, à midi, et reprise à 6 heures du soir,

HOTEL DES VENTES, PLACE DE LA BOURSE, 2,

SALLE N° 3,

Par le ministère de M⁶ DANTHONAY, Commissaire-Priseur, rue Ventadour, 4,

Assisté de M. J. VALLÉE, Expert, rue de Chartres-Saint-Honoré, 8.

Chez lesquels se distribue le présent Catalogue.

EXPOSITION

Le Lundi 3 décembre 1849, de midi à 3 heures,

Des Planches gravées, Pierres lithographiques et des principaux ouvrages.

—

1849

AVERTISSEMENT.

L'ancien fonds d'Estampes de feu M. Pierre Baquoy, graveur, et éditeur de ses œuvres, est très connu de MM. les Éditeurs et Marchands d'Estampes par le succès mérité et toujours soutenu qu'ont obtenu, principalement, les Planches de *Fénelon* et de *Saint Vincent de Paul*, deux sujets faisant pendant ; ainsi que celle de *Saint Gervais et de Saint Protais*, sans qu'il soit besoin d'en faire ici l'éloge.

Les belles Planches l'*Éducation d'Achille* et l'*Enlèvement de Déjanire*, par Charles-Clément Bervic, chefs-d'œuvre de la gravure au burin, augmentent encore l'intérêt de cette vente. Ces deux Planches capitales ont été adjugées 14,650 francs à la vente faite après le décès de *Bervic*, en juillet 1822 ; depuis cette époque, elles n'ont pas changé de propriétaire, et sont en parfait état de conservation. Nous avons donc tout lieu d'espérer que MM. les Éditeurs accueilleront ces Œuvres capitales ainsi qu'elles méritent de l'être.

Nous recommandons également à l'attention des Éditeurs la planche représentant les *Honneurs rendus à Raphaël* après sa mort, d'après le tableau de M. Bergeret, gravée par *Pauquet* et *Sixdeniers*, sujet historique rempli d'intérêt.

Pour la désignation des Planches, nous avons jugé convenable de transcrire, en entier, les titres et sous-titres, tels qu'ils existent sur les cuivres ; par la raison que les changements qu'on pourrait y apporter par la suite constitueraient des états différents des Estampes ; ce qui est d'une très grande importance pour les Pièces capitales.

Les Planches gravées et dessinées sur pierre seront toutes vendues dans la vacation du mardi 4 décembre, qui commencera à midi. Elles seront mises sur table à trois heures.

Les mesures indiquées sont celles des Cuivres et, par conséquent, des Estampes avec toutes leurs marges.

CATALOGUE

PLANCHES GRAVÉES

EN TOUS GENRES

SUR CUIVRE ET ACIER.

1 — **L'Éducation d'Achille**, *gravée par Bervic d'après le tableau peint par J.-B. Régnault, membre de l'Institut national des sciences et arts.* Et — l'**Enlèvement de Déjanire**, *gravé par Bervic d'après le tableau peint par Guido-Reni, placé dans le muséum central de Paris.* Hauteur des cuivres, 0,58 cent. sur 0,42 cent. de largeur.

Ces deux superbes planches sont considérées à juste titre comme des chefs-d'œuvre de la gravure au burin. Elles sont en très bon état de conservation, ainsi qu'on pourra en juger par les épreuves de l'état des cuivres. Lors de la mise sur table, nous indiquerons le nombre des épreuves qui en existent et qui seront livrées à l'adjudicataire.

2 — **Fénelon.** Au dessous de ce titre, on lit en deux lignes :
« Ce vénérable prélat, après la bataille de Malplaquet,
« reçut dans son palais, et dans plusieurs maisons qu'il
« loua, tous les officiers et soldats blessés, et allait les

« panser lui-même » : Et — **Saint Vincent de Paul**.
Au dessous de ce titre, on lit en deux lignes : « Ce héros
« de l'humanité, fondateur des Dames de la Charité et
« des Enfants trouvés, sauve des rigueurs de la mauvaise
« saison de malheureux enfants abandonnés par leurs
« mères. »

Deux planches avec encadrement ornementé, gravées
sur cuivre, par *Pierre Baquoy*. La première d'après *Fra-
gonard*, et la deuxième d'après *Monsiau*. Hauteur, 0,60
cent. sur 0,45 cent. de largeur.

Les 2 cuivres avec 124 épreuves, savoir : 68 de Fénelon, dont 20 sont avant la lettre, avant toutes lettres ou
lettres grises ; — et 56 épreuves de Saint Vincent de Paul,
dont 17 sont avant la lettre, avant toutes lettres ou lettres grises.

3 — **Fénelon**, *archevêque de Cambrai, après la bataille de
Malplaquet, reçoit dans son palais les officiers et soldats
blessés, et les panse lui-même.* Et — **Saint Vincent
de Paul**, *fondateur des Dames de la Charité et de
l'Hospice des Orphelins, sauve des rigueurs du froid des
enfants abandonnés par leurs mères.*

Les deux mêmes sujets que les précédents, d'après les
mêmes artistes, gravés sur cuivre également, par *P. Baquoy* ; en plus petit format, mais sans encadrement ornementé. Hauteur, 0,45 cent. sur 0,35 cent. de longueur.

Les 2 cuivres, avec 243 épreuves, savoir : de Fénelon,
136 épreuves dont 64 sont avant la lettre ou avant toutes
lettres ; — de Saint Vincent de Paul, 107 épreuves dont 64
sont avant la lettre ou avant toutes lettres.

4 — **Frédéric et Voltaire**. Au dessous de ce titre, on lit
en deux lignes : « Voltaire, retiré à Postdam dans le pa-
« lais du roi de Prusse, est comblé d'honneurs et de bien-
« faits sans autre assujettissement que celui de passer
« quelques heures avec le roi pour corriger ses ouvrages

« et lui apprendre les secrets de l'art d'écrire; » et — **Montaigne et le Tasse**. Au dessous de ce titre, on lit en deux lignes : « Captivité du Tasse; état de dé- « mence et d'abandon où le trouva Michel Montaigne, « en allant le visiter, lors de son passage à Ferrare. »

Deux planches gravées sur cuivre, par le même. La première, d'après *Monsiau*, et la deuxième d'après *Du- cis*. Hauteur, 0,45 cent. sur 0,35 cent. de longueur.

2 cuivres et 168 épreuves, savoir : 119 épreuves de la première planches, dont 68 épreuves sont avant la lettre, avant toutes lettres ou lettres grises; — et 149 épreuves de la deuxième, dont 77 sont avant la lettre, avant toutes lettres ou lettres grises.

5 — **Saint Gervais et saint Protais refusent de sacrifier aux idoles**, *gravé d'après le tableau d'Eustache Le Sueur*, par *Pierre Baquoy*; on lit au- dessus en une seule ligne : « Le consul Astasius veut for- « cer Gervais et Protais à rendre hommage à Jupiter. Ces ، intrépides défenseurs de la foi s'y refusent. Ils sont con- « damnés au dernier supplice, et méritent la palme du « martyre. »

1 planche sur cuivre de 0,94 cent. de largeur sur 0,60 cent. de hauteur, — avec 36 épreuves, dont 31 sont avant la lettre, ou avec le titre tracé à la pointe.

6 — **Napoléon à Sainte-Hélène**. *Il dicte au jeune Las Cases les notes qui doivent servir à rédiger ses Mémoires.* Planche gravée par le même, d'après Chasselat.

1 planche sur cuivre de 0,51 cent. de hauteur sur 0,37 de largeur, avec 10 épreuves, savoir : 6 avec la lettre, et 4 avant toutes lettres, dont 3 sont tirées sur papier de chine.

7 — **Honneurs rendus à Raphaël après sa mort**. Au-dessus de ce tire, on lit en très petites lettres, en en une seule ligne : *Gravé à l'eau forte, par Pauquet père, terminé au burin par Sixdeniers; d'après le tableau*

de Bergeret, exposé au salon de 1806. Au-dessous du titre en trois lignes, on lit l'explication historique : « Ra-
« phaël étendu sur son lit de mort est visité par le pape
« Léon X, accompagné du cardinal Bembo, de Jules de
« Médicis; le premier, après avoir officié pontificalement,
« répand des fleurs sur le corps de cet illustre peintre ;
« le second, après avoir composé l'épitaphe de son ami,
« dépose près de lui une couronne de laurier. Jules Ro-
« main, Polidore le Penni, ainsi que plusieurs autres
« élèves et amis de Raphaël, entourent son lit. Marc An-
« toine, graveur célèbre, considère avec regret que quel-
« ques gouttes de sang ont arrêté le cours d'une aussi
« belle vie. L'Arioste fait aussi hommage de sa couronne
« au plus beau génie de son temps. Michel-Ange et Sé-
« bastien del Piombo, son élève, tous deux rivaux de Ra-
« phaël, viennent déposer près de lui une branche de
« laurier, en témoignage de leur estime et de leurs re-
« grets. Pierre Pérugin, son maître, accablé par les ans,
« vient pleurer la perte de son élève, sa principale gloire ;
« enfin le Vasari, transporté par les beautés du tableau
« de la Transfiguration, écrit ces paroles mémorables :
« « O âme sublime et immortelle, vous êtes le plus beau
« sujet de tous nos entretiens ; vos actions sont comme les
« ouvrages que vous avez laissés ; nul ne vous égala pen-
« dant votre vie, et personne ne vous surpassera dans les
« temps à venir, » Et au-dessous de cette notice, se trouve
cette dédicace : « Dédié à monsieur Hynard, amateur des
« beaux arts. »

1 cuivre, de 0,83 cent. et demi de largeur sur 0,62 cent. et demi de hauteur, avec 15 épreuves, tant avec les lettres qu'en épreuves d'eaux-fortes, à divers degrés d'avancement de la planche. plus une planche gravée au trait, donnant les noms des divers personnages.

8 — Valentine de Milan, *duchesse d'Orléans, aïeule de Louis XII, surnommé le Père du peuple;* et — **Char-les VII** *partant pour la guerre, trace sur la pierre ses*

Adieux à Agnès Sorel. 2 planches gravées au burin ; la première, par *A. Fauchery*, et la seconde, par *Plée*, d'après les tableaux de *F. Richard*. Hauteur, 0,53 cent. sur 0,40 cent. de largeur.

Les 2 cuivres et 158 épreuves des deux planches, dont 120 sont avant la lettre.

9 — **Les Amours d'un héros chéri.** Au-dessous du titre on lit en deux lignes : *D'Estrée à son amant prodiguait ses appas ; il languissait près d'elle, il brûlait dans ses bras.* (Henriade, chant IX). Planche gravée au burin, par *J.-B. Fosseyeux,* d'après la composition de *J.-M. Moreau* jeune, dessinateur et graveur du cabinet du roi Louis XVI.

1 cuivre de 0,49 cent. de haut sur 0,38 cent. de largeur, et 249 épreuves, dont 150 sont avant la lettre.

10 — **Le Songe.** *L'amour attend le matin radieux pour inspirer des songes amoureux.* Le même titre est en langue anglaise. Planche sans aucun nom d'artiste.

Le cuivre, largeur 0,35 cent. sur 0,28 cent. de hauteur, et 20 épreuves.

11 — **Le vicomte de Chateaubriand,** *pair de France.* Portrait gravé au burin en 1817, par *Laugier*, d'après *Girodet-Trioson.*

1 cuivre de 0,21 cent. de hauteur sur 0,14 cent. de largeur, avec 12 épreuves.

12 — **La reine** *à la Conciergerie.* Portrait de Marie-Antoinette, gravé au pointillé ; à droite on lit : *Prieur Fecit,* et à gauche : *tiré du cabinet de M. l'abbé Carron.*

1 cuivre de 0,23 cent. de hauteur, sur 0,17 cent. et demi de longueur, et 46 épreuves, dont 15 sont en couleur.

13 — **Jacques Delille.** Portrait de forme ovale gravé en ma-

nière noire, par *P.-M. Alix*, pour impression à quatre planches.

4 cuivres de 0,41 cent. de hauteur sur 0,30 cent. de largeur, avec 5 épreuves coloriées.

14 — Les Bustes d'*Hippocrate*, *Esculape*, *Demosthène*, *Ciceron*, *Virgile* et *Homère*, planches gravées au pointillé par *Mécon*, la plupart d'après l'antique.

6 cuivres de 0,57 cent. de hauteur sur 0,27 cent. de largeur, avec 203 épreuves.

15 — Quatre jolies vignettes gravées au burin, dont trois sont d'après *Prudhon*. — Le Zéphyr n'est pas entièrement terminé

4 cuivres de 0,23 cent. de hauteur sur 0,14 cent. de longueur, et 165 épreuves.

16 — *Couleurs distinctives des uniformes de l'armée française.* Médaillon-boussole très ingénieux.

1 cuivre de 0,22 cent. de largeur sur 0,20 cent. de hauteur, et 1 épreuve.

17 — **Principes de Lavis et d'Aquarelle**, *d'après les meilleurs maîtres en ce genre.* — Suite de quinze planches numérotées de 1 à 15, gravées par *Thiénon*, *Piringer*, *Guyot* et autres. Les planches numéros 3, 4 et 5, s'impriment chacune à deux teintes.

18 cuivres pour les 15 planches de cet ouvrage, et environ 2,700 épreuves, tant au trait, qu'en noir et au bistre.

18 — **Esquisse des principales hauteurs des deux continents**, dressée par M. *de Gôthe*, d'après l'ouvrage de M. *de Humboldt*..., revue et augmentée des nouvelles découvertes en 1829.

1 cuivre de 0,38 cent. de largeur sur 0,34 cent. de hauteur, et 4 épreuves.

19 — Collection de 32 vues et sites les plus intéressants du Pié-

mont, du Milanais, de la Toscane, des Etats-Romains, des Etats-Vénitiens et *du royaume de Naples.* Planches gravées sur cuivre et acier, par MM. *Martens, Salathé, Vogel* et autres. Dimensions : 0,27 cent. sur 0,22 cent. tant en largeur qu'en hauteur.

Les 32 planches sur cuivre et acier et 32 épreuves.

20 — *Nouveau plan de la ville de Paris, divisé en 12 arrondissements et 48 quartiers* (1849), dressé et gravé sur acier, par *Pierre Tardieu.* Les écritures sont par *Burty.*

Largeur : 0,37 cent. sur 0,60 cent. de hauteur.

21 — Diverses planches non cataloguées seront vendues sous ce numéro de division.

PIERRES LITHOGRAPHIQUES

DESSINÉES.

21 *bis.* — Le sommeil de Jésus par Maurin, d'après Raphaël.

22 — Le Christ, sauveur du monde, sujet inédit, sans aucun nom d'artiste.

23 — Plusieurs pierres dessinées par d'habiles artistes, que le temps ne nous a pas permis de décrire, seront vendues sous ce numéro de division.

OUVRAGES A FIGURES

Livres sur les Arts, Recueils, Suites, Collections et Albums.

24 — Les monuments des arts et du dessin chez les peuples tant anciens que modernes, recueillis par le baron *Vivant*

Denon, décrits par *Amaury Duval*. 4 volumes in-folio. Paris, Didot. 1849.

25 — La Chine et les Chinois, par M. de *Malpierre* 4 volumes in-4° ornés de 180 planches par *Grevedon, Mauzaise*, etc.

26 — Vues pittoresques et perspectives des salles du musée des monuments français, et des principaux ouvrages d'architecture, de sculpture et de peinture sur verre qu'elles renferment, gravées au burin en vingt estampes par *MM. Reville* et *Lavallée*, d'après les dessins de *M. Vauzelle*, avec un texte explicatif par *B. de Roquefort*. 1 vol. grand in-f°, Paris, Didot, 1816.

27 — *Le Vieux Paris*. Reproduction des monuments historiques qui n'existent plus dans la capitale, d'après les dessins de *P. A. Pernot*. Recueil composé de 81 planches, lithographiées par *Nousveaux* et *Asselineau*, accompagnées de notices explicatives et historiques. Exemplaire complet.

28 — Quantité d'autres ouvrages, recueils, suites, collections et albums variés. Cet article formera environ 50 lots.

ESTAMPES ET LITHOGRAPHIES

EN TOUS GENRES.

29 — Plusieurs portefeuilles d'Estampes d'artistes et eaux-fortes, par et d'après divers maîtres des écoles d'Italie, d'Allemagne et de France. Cet article formera plusieurs lots.

30 — Quantité de bonnes estampes modernes gravées au burin, et à la manière noire par les artistes les plus habiles ; dans ce nombre, plusieurs pièces avant la lettre, par *Sixdeniers*, telles que : le Départ et le Retour ; — le Repos et la Liseuse ; — l'Apothéose de Louis XVI ; — le Galant

Jardinier et pendant; — l'Invasion et pendant; — le Sommeil et le Réveil, etc., etc.; — Saint Vincent de Paul, par *Prevost*; — la Marée montante et pendant, par *Garnier*; — Bonaparte avant la bataille des Pyramides, par *Vallot*; — la Reddition d'Ulm, par *Pradier*; — le Couronnement de Napoléon; — la Sainte Famille, d'après *Raphaël*, etc. Cet article formera 80 lots.

31 — Plus de 6,000 jolies lithographies en tous genres, tant en noir que coloriées, et qu'imprimées à plusieurs teintes avec rehauts, provenant des meilleurs fonds d'éditeurs.

Quantité formant Suites et Collections variées. — Cet article formera environ 200 lots.

OBJETS DIVERS.

33 — Une bonne paire de cisailles à usage de marchand d'estampes.

34 — Quantité de portefeuilles, cartons, cadres et passe-partout.

Imprimerie de Gustave GRATIOT, rue de la Monnaie, 11.

9 782329 077154